Biblioteca Âyiné 22
Ler e escrever
Readind and writing
V. S. Naipaul

© V. S. Naipaul, 2020
para *Reading and writing*
© The Nobel Foundation, 2001
para *Two Worlds*
© Editora Âyiné, 2017, 2021
Nova edição revista
Todos os direitos reservados

Tradução Rogério Galindo (Ler e escrever, O escritor da Índia)
Sandra Dolinsky (Dois mundos)
Preparação Fernanda Alvares
Revisão Andrea Stahel, Leandro Dorval
Imagem da capa Julia Geiser
Projeto gráfico Renata de Oliveira Sampaio
ISBN 978-65-5998-006-2

Âyiné

Direção editorial Pedro Fonseca
Coordenação editorial Luísa Rabello
Coordenação de comunicação Clara Dias
Assistente de comunicação Ana Carolina Romero
Assistente de design Rita Davis
Conselho editorial Simone Cristoforetti, Zuane Fabbris,
Lucas Mendes

Praça Carlos Chagas, 49 — 2º andar
30170-140 Belo Horizonte, MG
+55 31 3291-4164
www.ayine.com.br
info@ayine.com.br

Ler e escrever
V. S. Naipaul

Tradução de Rogério Galindo e Sandra Dolinsky

Âyiné

9	Ler e escrever
39	O escritor e a Índia
59	Dois mundos

Para David Pryce-Jones

Ler e escrever

1.

Não tenho absolutamente nenhuma memória. Esse é um dos grandes defeitos da minha mente: fico meditando sobre o que quer que me interesse, e examinando aquilo de diferentes pontos de vista acabo vendo algo novo, e altero seu aspecto como um todo. Miro e estendo os tubos de meus aparelhos ópticos em todos os sentidos, ou os retraio.

Stendhal, *A Vida de Henry Brulard*

Eu tinha onze anos, no máximo, quando me veio o desejo de ser escritor; e em muito pouco tempo essa ambição criou raízes. É incomum que isso ocorra tão cedo, mas não acho que seja extraordinário. Ouvi dizer que colecionadores importantes, de livros ou de imagens, podem começar muito novos e, recentemente, na Índia, ouvi um importante diretor de cinema, Shyam Benegal, dizer que tinha seis anos quando decidiu ganhar a vida fazendo filmes.

Comigo, porém, a ambição de ser escritor foi durante muitos anos uma espécie de farsa. Gostei de ganhar uma caneta-tinteiro e um frasco de tinta Waterman e cadernos pautados novos (com margens), mas não sentia qualquer desejo ou necessidade de escrever o que quer que fosse; e não escrevia coisa alguma, nem mesmo cartas: não tinha ninguém para quem escrever. Eu não era especialmente bom em redação na escola; não inventava histórias para contar em casa. E, embora gostasse de livros novos como objetos físicos, não era um grande leitor. Gostava de um livro infantil barato das fábulas de Esopo que eu havia ganhado, com páginas grossas; gostava de um volume das histórias de Andersen que comprei para mim com dinheiro que me deram de aniversário. Mas com outros livros — especialmente aqueles de que meninos em idade escolar supostamente devem gostar —, eu tinha problemas.

Durante um ou dois períodos por semana na escola — isso foi no quinto ano —, o professor, Sr. Worm, lia para nós trechos de *Vinte Mil Léguas Submarinas*, da coleção de Clássicos da Collins. O quinto ano era a turma de «exibição» e era importante para a reputação da escola. As exibições, organizadas pelo governo, eram dirigidas às turmas de ginásio das escolas da ilha. Vencer uma exibição significava não precisar pagar mensalidade durante todo o ginásio e ganhar todos os livros escolares de graça. Também significava conseguir alguma fama para o aluno e para sua escola.

Passei dois anos na turma de exibição; outros meninos brilhantes tinham de fazer o mesmo. No meu primeiro ano, considerado um ano de teste, houve doze exibições, envolvendo toda a ilha; no ano seguinte, vinte. Fossem doze ou vinte exibições, cada escola queria ganhar o seu justo quinhão, e isso nos deixava muito determinados. Sentávamos debaixo de um estreito quadro branco em que um dos professores, o Sr. Baldwin (de cabelos emplastrados, brilhantes e quebradiços), tinha pintado, com uma mão não muito habilidosa, os nomes dos alunos da escola que haviam vencido exibições nos dez anos anteriores. E — honraria aflitiva — nossa sala de aula era também o gabinete do Sr. Worm. Ele era um mulato idoso, baixo e robusto, de aparência correta, com óculos e terno, e um belo de um carrasco quando se empolgava, respirando curto e forte enquanto batia com a palmatória, como se fosse ele a vítima. Às vezes, talvez só para fugir do pequeno e barulhento prédio da escola, onde as janelas e as portas sempre estavam abertas e as turmas eram separadas por divisórias até a altura da cintura, ele nos levava para o pátio empoeirado à sombra do chorão. Sua cadeira era levada para fora e ele se sentava debaixo da árvore, como fazia na sua grande mesa na sala de aula. Ficávamos em volta dele e tentávamos ficar parados. Ele olhava para baixo, para o pequeno volume dos Clássicos da Collins, estranhamente semelhante a um livro de orações em suas mãos gordas, e lia Júlio Verne como se recitasse orações.

Vinte Mil Léguas Submarinas não era um livro cobrado nos testes. Era apenas a maneira de o Sr. Worm fazer com que sua turma de exibição se iniciasse na leitura, de um modo geral. Supostamente, o livro deveria dar-nos «repertório» e, ao mesmo tempo, servir como pausa em nossos esforços dedicados às exibições (Júlio Verne era um dos escritores de que os meninos supostamente deveriam gostar); mas esses períodos eram períodos de ócio para nós, e não era fácil enfrentar aquilo, de pé ou sentado. Eu entendia todas as palavras que eram faladas, mas não acompanhava nada. Isso, às vezes, acontecia-me no cinema; mas eu gostava da ideia de estar no cinema. Do Júlio Verne do Sr. Worm não me ficou nada, e, exceto pelos nomes do submarino e de seu capitão, não tenho qualquer memória do que foi lido naquelas horas.

A essa altura, porém, eu já começava a ter minha própria ideia do que era escrever. Era uma ideia particular, e uma ideia curiosamente nobre, sem relação com a escola e sem relação com a vida desordenada, e em vias de desintegração, de nossa extensa família hindu. Aquela ideia de escrita — que me levaria à ambição de ser escritor — tinha surgido das pequenas coisas que meu pai lia para mim de tempos em tempos.

Meu pai era um autodidata que se fez jornalista. Ele lia à sua própria maneira. A essa altura, ele tinha trinta e poucos anos e continuava aprendendo. Lia muitos livros ao mesmo tempo, sem terminar nenhum, e não se importava com a história ou com o argumento do livro, e sim com as qualidades especiais do caráter do autor. Era isso que lhe dava prazer, e ele só conseguia saborear escritores em pequenas explosões. Às vezes ele me chamava para ouvir duas, ou três, ou quatro páginas, raramente mais, de textos que lhe agradavam de maneira especial. Ele lia e explicava com gosto, e eu achava fácil gostar do que ele gostava. Desse modo improvável — levando em conta o contexto: a escola colonial inter-racial e a espiritualidade asiática da nossa casa —, eu tinha começado a organizar minha própria antologia literária de língua inglesa.

Eis algumas das peças que estavam nessa antologia antes de eu ter doze anos: alguns discursos de *Júlio César*; páginas esparsas dos capítulos iniciais de *Oliver Twist*, *Nicholas Nickleby* e *David Copperfield*; a história de Perseu, em *The heroes*, de Charles Kingsley; algumas páginas de *O Moinho no regato*; uma história de amor romântico, fuga e morte, de Joseph Conrad, que se passava na Malásia; uma ou duas das *Lendas de Shakespeare*, de Lamb; contos de O. Henry e Maupassant; uma ou duas páginas cínicas sobre o Ganges e um festival religioso de *Jesting Pilate*, de Aldous Huxley; algo, no mesmo tom, de *Hindoo holiday*, de J. R. Ackerley; algumas páginas de Somerset Maugham.

Lamb e Kingsley deveriam ter sido muito antiquados e difíceis para mim. Mas, de algum modo — sem dúvida por causa do entusiasmo do meu pai —, eu conseguia simplificar tudo o que ouvia. Na minha cabeça, todas as peças (incluindo os trechos de *Júlio César*) assumiam ares de de conto de fadas, ganhavam um aspecto semelhante ao das histórias de Andersen, distantes e fora do tempo, algo com que se podia brincar mentalmente com facilidade.

Mas, quando eu passava para os livros de fato, achava difícil ir além do que haviam lido para mim. O que eu já sabia era mágico; o que eu tentava ler por conta própria estava muito distante. A linguagem era difícil demais; eu me perdia em meio a detalhes sociais ou históricos. Na história de Conrad, o clima e a vegetação eram semelhantes àquilo que havia à minha volta, mas os malaios pareciam extravagantes, irreais, e eu não os reconhecia. No caso dos autores modernos, o destaque que eles davam à própria personalidade impedia que eu penetrasse no livro: eu não tinha como fingir ser Maugham em Londres, ou Huxley ou Ackerley na Índia.

Eu queria ser escritor. Mas, junto com o desejo, viera a compreensão de que a literatura que me havia causado esse desejo era de outro mundo, muito distante do meu.

2.

Éramos uma comunidade de imigrantes asiáticos em uma pequena ilha agrícola do Novo Mundo. Para mim, a Índia parecia muito distante, mítica; mas, na época, estávamos, em todos os ramos de minha extensa família, há apenas quarenta ou cinquenta anos fora da Índia. Continuávamos cheios dos instintos dos povos da planície do Ganges, embora, ano a ano, a vida colonial à nossa volta mais nos enredasse. Minha própria presença na turma do Sr. Worm era uma parte dessa mudança. Ninguém tão jovem na minha família tinha passado por aquela escola. Outros seguiriam meus passos na turma de exibições, mas eu fui o primeiro.

Pedaços mutilados da velha Índia (muito velha, a Índia das aldeias do século XIX, que seriam semelhantes às da Índia de séculos anteriores) ainda me acompanhavam, não só na vida isolada de nossa extensa família, mas também no que algumas vezes nos chegava da comunidade externa.

Um dos primeiros grandes eventos públicos a que me levaram foi a *Ramlila*, a peça baseada no *Ramayana*, épico sobre o banimento e o posterior triunfo de Rama, o herói-divindade hindu. A peça era apresentada em campo aberto no meio de um canavial, nos arredores de nossa pequena cidade interiorana. Os atores do sexo masculino ficavam nus, e alguns carregavam longos arcos; eles andavam de um modo lento, estilizado, rítmico, na ponta dos pés e com passos altos e trêmulos; quando saíam de cena (estou guiando-me agora por memórias muito antigas), desciam uma rampa cavada no solo. A peça terminava com a queima da grande efígie negra do rei-demônio de Lanka. Essa queima era uma das coisas que as pessoas tinham ido ver; e a efígie, feita de maneira rústica, com papel de piche em uma armação de bambu, permanecera fincada no canavial o tempo todo, como uma promessa da conflagração.

Tudo naquela *Ramlila* tinha sido transportado da Índia na memória das pessoas. E embora, como teatro, fosse um espetáculo rústico, e apesar de eu ter perdido grande parte da história, acredito que entendi mais e senti mais do que durante as exibições de *O Príncipe e o Mendigo* e *Sessenta Anos Gloriosos* no cinema local. Aqueles foram os primeiros filmes que vi, e nunca tive a menor ideia do que estava assistindo. A *Ramlila*, por outro lado, tinha dado vida e muita empolgação ao que eu sabia do *Ramayana*.

O *Ramayana* era a história hindu essencial. Era o mais acessível de nossos dois épicos e vivia em meio a nós da maneira como os épicos vivem. Tinha uma narrativa forte, e rápida, e rica, e mesmo com a maquinaria divina seu tema era muito humano. Sempre era possível discutir os personagens e seus motivos; o épico era como uma educação moral para todos nós. Todo mundo a meu redor conhecia, pelo menos, o esboço da história; algumas pessoas conheciam parte dos versos. Ninguém precisou ensinar-me a trama: era como se eu sempre tivesse conhecido a história do banimento injusto de Rama para a perigosa floresta.

Ela se assentava em um nível mais profundo do que a escrita que eu conheceria mais tarde na cidade, do que o Andersen e o Esopo que eu leria por conta própria e do que as coisas que meu pai lia para mim.

3.

A ilha era pequena, 4,6 mil quilômetros quadrados e meio milhão de pessoas, mas a população era muito variada e havia muitos mundos separados.

Quando meu pai conseguiu um emprego no jornal local, fomos morar na cidade. Ficava apenas a 20 quilômetros de distância, mas era como ir para outro país. Nosso pequeno mundo rural indiano, o mundo em desintegração de uma Índia rememorada, ficou para trás. Nunca voltei a ele; perdi contato com o idioma; jamais vi outra *Ramlila*.

Na cidade, estávamos em uma espécie de limbo. Havia menos indianos lá, e ninguém como nós na rua. Embora tudo ficasse perto, e as casas ficassem expostas a todo tipo de ruído, e ninguém conseguisse ter real privacidade em seu jardim, continuamos a viver de nosso modo isolado, separados mentalmente da vida mais colonial, mais miscigenada racialmente, à nossa volta. Havia casas respeitáveis com varandas e samambaias penduradas. Mas também havia jardins sem cercas, com casas de madeira apodrecida de três ou quatro cômodos, como nos bairros de escravos de um século antes, e uma ou duas torneiras comuns de jardim. A vida lá fora podia ser barulhenta: a grande base americana ficava pertinho, no outro extremo da rua.

Chegar, depois de três anos na cidade, à turma de exibição do Sr. Worm, depois de muito estudo, de saber tudo de cor, de viver com abstrações, compreendendo muito pouco, era como entrar em um cinema com o filme já começado e só achar uma dica aqui e outra ali sobre a história. Foi assim nos doze anos que fiquei na cidade antes de ir para a Inglaterra. Nunca deixei de sentir-me um estranho. Via as pessoas de outros grupos só do lado de fora; as amizades da escola ficavam para trás, já na escola ou na rua. Eu não entendia exatamente onde estava e nunca tive tempo para descobrir: passei aqueles doze anos inteiros, com exceção de dezenove meses, naquela espécie de estudo colonial cego e controlado.

Não demorou para eu saber que havia um mundo mais amplo lá fora, do qual nosso mundo colonial era uma mera sombra. Esse mundo exterior — a Inglaterra, principalmente, mas também os Estados Unidos e o Canadá — governava-nos de todos os modos. Ele nos enviava governantes e tudo o mais de que necessitávamos para viver: a comida conservada barata de que a ilha precisava desde a época da escravidão (arenque defumado, bacalhau salgado, leite condensado, sardinhas de New Brunswick em óleo); os remédios especiais (os comprimidos renais Dodd's, os linimentos Dr. Solan, o tônico chamado Six Sixty-Six). Ele nos mandava — com um intervalo durante um ano difícil da guerra, quando usamos moedinhas de centavos canadenses — as moedas da Inglaterra, desde o meio-pêni até a meia-coroa, às quais automaticamente atribuíamos valor em nossos dólares e centavos, um centavo para um meio-pêni, vinte e quatro centavos para um xelim.

Ele nos mandava livros didáticos (*A Aritmética do Shilling*, de Rivington, a *Gramática*, de Nesfield) e testes relativos a vários certificados. Ele nos mandava os filmes que alimentavam nossa vida imaginativa, e a *Life* e a *Time*. Mandava pacotes do *The Illustrated London News* para o escritório do Sr. Worm. Mandava os livros da Everyman's Library, e da Penguin Books e os Clássicos da Collins. Mandava tudo. Ele tinha dado Júlio Verne ao Sr. Worm. E, por intermédio de meu pai, deu a mim minha antologia particular de literatura.

Eu não conseguia entrar por conta própria nos livros em si. Não tinha a chave imaginativa. O conhecimento social que eu tinha — uma aldeia mal lembrada na Índia e um mundo colonial miscigenado visto pelo lado de fora — não me ajudava com a literatura da metrópole. Estava a dois mundos de distância.

Não conseguia me identificar com as estórias inglesas da escola pública (ainda me lembro de uma, curiosamente intitulada *Pardal em Busca da Expulsão*, recém-chegada da Inglaterra para a pequena biblioteca do

Sr. Worm). E, depois, quando estava no ginásio (ganhei minha exibição) tive o mesmo problema com as histórias de suspense e de aventura da biblioteca da escola, com os Bucchan, os Sapper, os Sabatini, os Sax Rohmer, todos tendo recebido a dignidade pré-guerra da encadernação em couro, com o brasão da escola estampado em dourado na capa. Eu não conseguia entender o sentido daquelas agitações artificiais, nem qual era o sentido dos romances de detetive (muita leitura, com uma certa quantidade de engano, em troca de um pequeno enigma). E quando, sem saber muito sobre a reputação dos escritores mais recentes, tentei ler romances ingleses simples, disponíveis na biblioteca pública, surgiram muitas questões — sobre a vida real das pessoas, sobre a artificialidade do método narrativo, sobre o propósito de toda a ideia da encenação e a recompensa final para mim.

Minha antologia privada, junto com o ensino de meu pai, tinham-me levado a ver a escrita como algo de grande importância. E, embora eu tenha começado de um lugar geograficamente muito diferente, e embora fosse levar anos para compreender por que me sentia daquele modo, minha atitude (eu descobriria) era semelhante à de Joseph Conrad, que recebeu um romance de um amigo na época em que ele próprio era um autor recém-publicado. Era evidente que o romance tinha excesso de trama; Conrad viu o livro não como algo que revelava os corações humanos, e sim como uma fabricação de «eventos que, falando honestamente, não são mais do que *acidentes*». «Todo o charme, toda a verdade», ele escreveu para o amigo, «são desperdiçados pelo [...] mecanismo (chamemos assim) da história, que faz com que tudo pareça falso.»

Para Conrad, como para o narrador de *Sob o Olhar do Ocidente*, a descoberta de cada história era moral. Era assim para mim também, embora eu não soubesse. Foi esse o resultado de minha leitura do *Ramayana*, e de Esopo, e de Andersen e de minha antologia particular (até mesmo Maupassant e O. Henry). Quando Conrad conheceu H. G. Wells, que o achava muito prolixo, sem narrar a história de modo direto, Conrad disse, «Meu caro Wells, o que significa esse *Love and Mr. Lewisham*? O que significa tudo isso sobre Jane Austen? O que significa tudo isso?».

Era assim que eu me sentia no ginásio e também por muitos anos depois disso; mas, na época, não me ocorreu dizê-lo. Não parecia que eu tinha direito a fazer isso. Só fui me sentir um leitor competente aos 25 anos. Na época, eu tinha passado sete anos na Inglaterra, quatro deles em Oxford, e tinha adquirido um pouco do conhecimento social necessário para compreender a ficção inglesa e europeia. Também me havia feito escritor e, portanto, era capaz de ver a escrita a partir do outro lado. Até então, eu havia lido cegamente, sem julgar, sem saber realmente como se devia avaliar uma história inventada.

Certas coisas inegáveis, porém, haviam sido acrescentadas à minha antologia durante os tempos de ginásio. O que ficava mais próximo de mim eram as histórias do meu pai sobre a vida de nossa comunidade. Eu adorava o modo como elas eram escritas e também o trabalho que eu tinha visto sendo dedicado à sua composição. Elas também me ancoravam ao mundo; sem elas, eu não saberia nada sobre nossos antepassados. E, por meio do entusiasmo de um professor, houve três experiências literárias no sexto ano: *Tartufo*, que parecia um conto de fadas assustador; *Cyrano de Bergerac*, que conseguia evocar o tipo mais profundo de emoção; e *Lazarillo de Tormes*, a história picaresca espanhola de meados do século XVI, a primeira desse estilo, alegre e irônica, que me levou a um mundo semelhante àquele que eu conhecia.

Era só isso. Esse era o conteúdo de minha leitura ao final de minha educação na ilha. Eu não podia, de fato, chamar-me leitor. Nunca havia tido a capacidade de deixar-me levar por um livro; como meu pai, eu lia apenas aos pedaços. Minhas redações escolares não eram excepcionais; eram apenas resultado de trabalho árduo. Apesar do exemplo do meu pai com as histórias dele, eu não tinha começado a pensar, de nenhum modo concreto, sobre o que poderia escrever. E, no entanto, eu seguia vendo-me como escritor.

A essa altura, isso era menos uma real ambição do que uma forma de autoestima, um sonho de libertação, uma ideia de nobreza. A minha vida, e a vida de nosso ramo da extensa família, sempre tinha sido agitada. Meu pai, embora não fosse um órfão, viveu mais ou menos abandonado desde a infância, e sempre fôramos parcialmente dependentes. Como jornalista, meu pai ganhava mal, e durante alguns anos fomos bastante miseráveis, sem um lugar decente para morar. Na escola, eu era o menino brilhante; na rua, onde seguíamos nos isolando, sentia vergonha de nossa situação. Mesmo depois de passado esse período ruim, e de termo-nos mudado, eu era corroído pela ansiedade. Das emoções que sentia, era essa a que conhecia desde sempre.

4.

O governo colonial dava quatro bolsas por ano para alunos que terminavam o ensino médio como os melhores em suas áreas — Línguas, Estudos Modernos, Ciência, Matemática. Os testes chegavam da Inglaterra, e as respostas dos alunos eram enviadas de volta, para avaliação. As bolsas eram generosas. O objetivo era dar ao aluno ou aluna uma profissão. Quem ganhava a bolsa podia ir, às custas do Governo, para qualquer universidade ou instituição de ensino superior no Império Britânico; e a bolsa podia durar até sete anos. Quando ganhei minha bolsa — depois de um esforço que ainda dói quando dele me lembro: foi para chegar a isso que me empenhei tanto durante aqueles anos — decidi somente ir para Oxford e fazer o curso de Inglês de três anos. Não fiz isso por Oxford, nem pelo curso de Inglês; eu sabia muito pouco sobre qualquer uma das duas coisas. Fiz isso, principalmente, para fugir para um mundo mais amplo e dar-me tempo para me dedicar à minha fantasia de ser escritor.

Ser escritor significava ser escritor de romances e de contos. Foi assim que a ambição me apareceu, por meio de minha antologia e do exemplo de meu pai, e foi dessa forma que ela permaneceu. Era estranho que eu não tivesse questionado essa ideia, já que não tinha gosto por romances, não sentira o impulso (que dizem que as crianças sentem) de inventar histórias, e quase toda a minha vida imaginativa durante os anos de estudo intenso passara-se no cinema, não nos livros. Às vezes, quando eu pensava sobre a ausência de escrita que havia dentro de mim, eu ficava nervoso; e então — era como uma crença na magia — eu dizia para mim mesmo que, quando chegasse a hora, essa ausência não estaria mais lá, e os livros seriam escritos.

Agora, em Oxford, com a bolsa ganha a duras penas, esse momento devia ter chegado. Mas a ausência seguia lá; e a própria ideia da ficção e do romance intrigavam-me continuamente. Um romance era algo inventado; essa era quase sua definição. Ao mesmo tempo, esperava-se que ele fosse verdadeiro, que fosse extraído da vida; de modo que parte do objetivo de um romance vinha da ideia de rejeitar a ficção, ou de olhar através dela para enxergar uma realidade.

Mais tarde, quando eu havia começado a identificar minha matéria-prima e a ser um escritor, trabalhando mais ou menos por intuição, essa ambiguidade deixou de preocupar-me. Em 1955, o ano dessa virada, consegui entender a definição de Evelyn Waugh para ficção (na dedicatória de *Oficiais e Gentlemen*, publicado naquele ano), a qual se tratava de uma «experiência totalmente transformada»; eu não teria compreendido essas palavras, nem acreditado nelas, no ano anterior.

Mais de quarenta anos depois, quando estava lendo os relatos de Sebastopol de Tolstói pela primeira vez, lembrei-me daquela felicidade inicial ao escrever, quando comecei a enxergar um caminho à minha frente. Achei que, naqueles relatos, eu conseguia ver o jovem Tolstói indo, como se por necessidade, em direção à descoberta da ficção: começando como um cuidadoso escritor descritivo (um equivalente russo de William Howard Russell, o correspondente do *Times*, não muito mais velho, do outro lado) e, depois, como se enxergasse um modo mais fácil e melhor de lidar com os horrores do cerco de Sebastopol, fazendo uma ficção simples, colocando personagens em ação e trazendo a realidade mais para perto.

Uma descoberta que me ocorreria, mas não em Oxford. Não houve magia durante meus três anos lá, nem no quarto ano que me foi concedido pelo Governo Colonial. Continuei ansioso com a ideia da ficção como algo inventado. Até onde podia ir a invenção (os «acidentes» de Conrad)? Qual era a lógica e qual era o valor? Tomei vários atalhos. Eu achava minha personalidade de escritor algo grotescamente fluido. Não sentia prazer em sentar à mesa e fingir escrever; eu me sentia constrangido e falso.

Se eu tivesse disposto de um pouco de dinheiro que fosse, ou da perspectiva de um trabalho decente, teria sido fácil desistir da ideia de escrever naquela época. Agora, eu via aquilo como uma fantasia nascida das preocupações e da ignorância da infância, que se havia tornado um fardo. Mas não havia dinheiro. Eu precisava agarrar-me à ideia.

Eu era quase um indigente — tinha talvez seis libras — quando saí de Oxford e fui para Londres, estabelecer-me como escritor. Tudo o que restou de minha bolsa, que agora parecia ter sido desperdiçada prodigamente, era o dinheiro da passagem de volta para casa. Por cinco meses um primo que respeitava minha ambição, ele próprio muito pobre, estudando Direito e trabalhando em uma fábrica de cigarros, deu-me abrigo em um porão escuro de Paddington.

Nada aconteceu com a minha escrita naqueles cinco meses, nada aconteceu nos cinco meses seguintes. E, então, um dia, do fundo da depressão em que eu estava me afundando, comecei a ver qual poderia ser minha matéria-prima: a rua de cuja vida urbana nós nos mantivemos afastados, e a vida no campo, antes disso, com os modos e os costumes de uma Índia relembrada. Parecia uma solução fácil e óbvia depois de encontrada; mas levei quatro anos para perceber isso. Quase ao mesmo tempo, vieram a linguagem, o tom e a voz para essa matéria-prima. Era como se a voz, e o tema e a forma fossem parte um do outro.

Parte da voz vinha do meu pai, das histórias dele sobre a vida de nossa comunidade no campo. Parte vinha do anônimo Lazarillo, da Espanha de meados do século XVI. (No meu segundo ano em Oxford, eu havia escrito para E. V. Rieu, editor da Penguin Classics, oferecendo-me para traduzir o *Lazarillo*. Ele respondeu de modo muito gentil, de próprio punho, dizendo que seria um livro difícil de fazer e que ele não o considerava um clássico. Eu havia, mesmo assim, durante meu bloqueio, como um substituto para a escrita, feito uma tradução integral dessa obra.) O amálgama das vozes funcionava. Quando chegou a mim, essa voz não era absolutamente minha, mas eu me sentia à vontade com ela. Ela era, na verdade, a voz que eu tinha trabalhado arduamente para dar à minha escrita. Logo ela era familiar, a voz na minha cabeça. Eu sabia dizer quando ela estava certa e quando estava saindo dos trilhos.

Para começar como escritor, eu tinha precisado voltar ao começo e retraçar meu caminho — esquecendo Oxford e Londres — até aquelas primeiras experiências literárias, algumas delas nunca compartilhadas por mais ninguém, que me haviam dado minha própria visão sobre o que me afligia.

5.

Na minha imaginação sobre ser um escritor não existia uma ideia sobre como eu iria escrever um livro. Suponho — eu não tinha como ter certeza — que havia uma vaga noção, na fantasia, de que, depois de escrever o primeiro, os outros se seguiriam.

Descobri que não era assim. A matéria-prima não permitia isso. Naqueles primeiros tempos, cada novo livro significava enfrentar o velho bloqueio novamente e voltar ao começo. Os livros posteriores surgiram como o primeiro, motivados apenas pelo desejo de escrever um livro, com uma escolha intuitiva, ou inocente, ou desesperada, de ideias e matérias-primas, sem compreender completamente para onde elas podiam levar. A compreensão veio com a escrita. Cada livro levava-me a uma compreensão e a uma sensibilidade mais aprofundadas, e isso levou a um modo diferente de escrever. Cada livro era uma etapa em um processo de descoberta; não era possível repetir. Minha matéria-prima — meu passado, separado de mim também geograficamente — estava estabelecida e, como a própria infância, completa; não se podia acrescentar algo a ela. Esse modo de escrever esgotava-a. Em cinco anos, eu havia chegado a um ponto final. Minha imaginação para a escrita era como um quadro-negro rabiscado a giz, apagado em etapas e, no fim, em branco de novo, tábula rasa.

A ficção havia-me levado o mais longe que podia. Havia certas coisas com as quais ela não podia lidar. Ela não podia lidar com meus anos na Inglaterra, não havia profundidade social na experiência; parecia mais um assunto para uma autobiografia. E ela não podia lidar com meu conhecimento crescente sobre o mundo mais amplo. A ficção, por sua natureza, funcionando melhor com certos limites sociais fixos, parecia estar me empurrando de volta para mundos — como o mundo da ilha, ou o mundo da minha infância — menores do que aquele em que eu habitava. A ficção, que, em certo momento, libertou-me e esclareceu-me, agora parecia estar me levando a ser mais simples do que eu realmente era. Por alguns anos — três, talvez quatro —, eu não sabia como me mexer; estava perdido.

Quase toda minha vida adulta tinha-se passado em países onde eu era um estrangeiro. Como escritor, eu não tinha como ultrapassar essa experiência. Para ser fiel à minha experiência, eu tinha de escrever sobre pessoas naquele tipo de situação. Encontrei formas de fazer isso; mas nunca deixei de ver isso como uma limitação. Se depender apenas do romance fosse-me uma imposição, eu provavelmente estaria, em pouco tempo, sem ter como seguir em frente, embora me tivesse treinado na narrativa em prosa e estivesse cheio de curiosidade sobre o mundo e as pessoas.

Mas havia outras formas que satisfaziam minhas necessidades. O acaso trouxe-me bastante cedo uma encomenda de viajar para antigas colônias de escravos no Caribe e antigas possessões espanholas. Aceitei por causa da viagem; eu não tinha pensado muito sobre a forma.

Eu achava que o livro de viagens era um interlúdio glamoroso na vida de um escritor sério. Mas os escritores que eu tinha em mente — e não tinha como haver outros — eram gente cosmopolita, Huxley, Lawrence, Waugh. Eu não era como eles. Eles escreveram em uma época de império; independentemente do caráter que tivessem em casa, nas viagens eles inevitavelmente se tornavam semi-imperiais, usando os imprevistos do percurso para definir suas personalidades metropolitanas, em contraste com um pano de fundo estrangeiro.

Minha viagem não foi assim. Eu era um ser colonial, viajando por colônias de latifúndios no Novo Mundo, semelhantes àquela em que eu me havia criado. Olhar, como visitante, outras comunidades semiabandonadas em terra espoliada, em um grande ambiente romântico como o Novo Mundo, era ver, como se a distância, qual devia ser a aparência de sua própria comunidade. Era sair de si e de suas circunstâncias imediatas — a matéria-prima da ficção — e ter uma nova visão do ambiente em que se nasceu, uma sugestão de uma sequência de eventos históricos que remontavam a um tempo distante.

Tive problemas com a forma. Eu não sabia como viajar para um livro. Viajava como se estivesse de férias e, depois, debatia-me em busca de uma narrativa. Tive problemas com o «eu» do escritor de viagens; achava que, como viajante e narrador, ele estava em uma posição inquestionável de comando e precisava fazer julgamentos grandiosos.

Apesar de todos os seus defeitos, o livro, como os livros de ficção que vieram antes dele, foi, para mim, uma ampliação de aprendizado e de sensibilidade. Eu não teria como desaprender o que tinha aprendido. A ficção, a exploração das circunstâncias imediatas do indivíduo, tinha-me feito percorrer boa parte do caminho. As viagens levaram-me mais longe.

6.

Foi novamente um acaso que me levou a fazer outro tipo de livro de não-ficção. Um editor nos Estados Unidos estava desenvolvendo uma série para viajantes e pediu-me para escrever algo sobre a colônia. Pensei que seria um trabalho simples: um pouco de história local, algumas memórias pessoais, alguns retratos em palavras.

Eu havia imaginado, com uma estranha espécie de inocência, que, em nosso mundo, todo conhecimento estava disponível, que toda história estava armazenada em algum lugar e que podia ser pesquisada de acordo com a necessidade. Descobria agora que não havia uma história local a ser consultada. Havia apenas uns poucos guias, em que algumas lendas eram repetidas. A colônia não havia sido importante; seu passado desaparecera. Em alguns dos guias, dizia-se, com humor, que a colônia era um lugar em que nada de importante havia acontecido desde a visita de *Sir* Walter Raleigh, em 1595.

Precisei procurar os registros. Havia os relatos dos viajantes. Havia documentos de autoridades britânicas. No Museu Britânico, havia muitos volumes grandes de cópias de registros espanhóis, desencavados pelo governo britânico dos arquivos espanhóis na década de 1890, na época da disputa de fronteira entre Guiana e Venezuela. Procurei pessoas e suas histórias nos registros. Foi a melhor maneira de organizar o material, e era o único modo de escrever que eu conhecia. Mas era um trabalho árduo vasculhar os papéis e usar os detalhes de cinco, ou seis, ou mais documentos, para escrever um parágrafo de narrativa. O livro que imaginei fazer em poucos meses levou dois difíceis anos.

Os registros levaram-me de volta quase até o descobrimento. Eles me mostraram os povos aborígenes, senhores do mar e do rio, ocupados com seus próprios afazeres, donos de todas as capacidades de que precisaram em séculos passados, mas impotentes, diante dos recém-chegados, e reduzidos, pelos duzentos anos seguintes, à insignificância, ao alcoolismo, às reservas missionárias e à extinção. Nesse deserto de fabricação humana, então, em fins do século XVIII, os escravos de latifúndios foram introduzidos, assim como as linhas retas da nova cidade espanhola.

Na escola, na aula de história, a escravidão era apenas uma palavra. Um dia, no pátio, na aula do Sr. Worm, quando se falou algo sobre o tema, lembro que tentei dar sentido à palavra: olhei para as colinas ao norte da cidade e pensei que aquelas colinas, um dia, haviam sido vistas por gente que não era livre. A ideia era dolorosa demais para que se pensasse por muito tempo nela.

Hoje, muitos anos após aquele momento no pátio da escola, os documentos tornavam real aquele tempo de escravidão. Eles me permitiam vislumbrar a vida nos latifúndios. Um dos latifúndios ficava muito perto da escola; uma rua não muito afastada ainda levava o nome francês anglicizado do antigo dono, do século XVIII. Nos documentos, fui — muitas vezes — à cadeia municipal, onde a principal atividade do carcereiro francês e de seu escravo assistente era a punição dos escravos (as acusações dependiam da punição dada, e os fazendeiros pagavam), e onde havia celas quentes especiais, bem abaixo das telhas, para escravos que acreditavam ser feiticeiros.

A partir dos registros de um julgamento incomum de assassinato — um escravo que matou outro em um velório por causa de uma mulher livre, de cor —, pude ter uma ideia da vida dos escravos nas ruas na década de 1790 e compreendi que o tipo de rua em que eu havia morado e o tipo de vida que eu havia estudado, a distância, nas ruas eram semelhantes às ruas e à vida de 150 anos antes. Aquela ideia de uma história ou de uma linhagem para a rua da cidade era nova para mim. O que eu havia conhecido parecera-me comum, não-planejado, algo que, simplesmente, estava lá, sem nada que se parecesse com um passado. Mas o passado estava lá: no pátio da escola, nas aulas do Sr. Worm, debaixo da árvore, talvez estivéssemos sobre a antiga fazenda Bel-Air, de Dominique Dert, onde, em 1803, o escravo *commandeur*, que geria a propriedade, em função de um tortuoso amor por seu proprietário, tentou envenenar os demais escravos.

Mais assustador do que isso era pensar nos aborígenes que haviam desaparecido, em cujas terras vivíamos, em meio a seus espíritos. A cidadezinha rural em que nasci e na qual vi, em uma clareira do canavial, a nossa *Ramlila*, tinha nome aborígene. Um dia, no Museu Britânico, eu descobri — em uma carta de 1625, do rei de Espanha para o governador local — que era o nome de uma problemática pequena tribo local, de pouco mais de mil habitantes. Em 1617, eles serviram de guias fluviais para os invasores ingleses. Oito anos depois — a Espanha tinha uma memória longa —, o governador espanhol tinha reunido homens suficientes para impor alguma punição coletiva não especificada à tribo; e seu nome desapareceu dos registros.

Isso era mais do que um fato sobre os aborígenes. Em certa medida, isso alterava meu passado. Eu não conseguia mais pensar na *Ramlila* que vi na infância como ocorrendo no início de todas as coisas. Era preciso usar a imaginação e abrir espaço para pessoas de outra espécie no território da *Ramlila*. A ficção, sozinha, jamais me teria levado a essa compreensão mais ampla.

Não voltei a fazer um livro como aquele, trabalhando apenas com documentos. Mas a técnica que adquiri — de examinar uma multiplicidade de impressões para encontrar uma narrativa humana central — foi algo que levei para os livros de viagens (ou, mais exatamente, de investigação) que escrevi ao longo dos trinta anos seguintes. Assim, à medida que meu mundo se ampliava, além das circunstâncias pessoais imediatas que alimentavam a ficção, e à medida que a minha compreensão ampliava-se, as formas literárias que eu praticava fluíam junto, e uma coisa dava sustentação à outra. E eu não tinha como dizer que uma forma era superior à outra. A forma dependia do material; os livros eram, todos, parte do mesmo processo de compreensão. Foi com isso que a carreira de escritor — de início apenas uma fantasia infantil, e depois um desejo mais desesperado de escrever histórias — levou-me a comprometer-me. O romance era uma forma importada. Para o escritor metropolitano, ele era apenas um aspecto do autoconhecimento. Sobre ele, havia uma massa de outros aprendizados, de outras formas imaginativas, de outras disciplinas. Para mim, no início, aquilo era tudo que eu tinha. Ao contrário do escritor metropolitano, eu não tinha conhecimento de um passado. O passado de nossa comunidade, para a maior parte de nós, terminava com nossos avós; nós não conseguíamos ver além disso. E a colônia de latifúndios, como dizia o bem-humorado guia, era um lugar onde quase nada havia ocorrido. Assim, a ficção que alguém escrevia sobre suas próprias circunstâncias imediatas pairava no vácuo, sem um contexto, sem o autoconhecimento mais amplo que sempre estava implícito no romance metropolitano.

Quando criança, tentando ler, eu achava que dois mundos separavam-me dos livros que me eram oferecidos na escola e nas bibliotecas: o mundo da infância, de nossa Índia relembrada, e o mundo mais colonial de nossa cidade. Eu havia imaginado que as dificuldades tinham a ver com as agitações sociais e emocionais de minha infância — aquela sensação de ter entrado no cinema muito depois de o filme ter começado — e que sumiriam à medida que eu ficasse mais velho. O que eu não sabia, mesmo depois de ter escrito meus primeiros livros de ficção, que se ocupavam apenas da história, e das pessoas, e de chegar ao final e de fazer as piadas funcionarem bem, era que essas duas esferas de escuridão haviam-se tornado meu tema. A ficção, operando seus mistérios, dando-me uma direção por meio de seus caminhos tortuosos, havia-me levado a meu tema. Mas ela não podia levar-me até o fim do caminho.

O escritor e a Índia

1.

A Índia era a mágoa maior. Era um país subjugado. Também era o lugar de cuja imensa pobreza nossos avós precisaram fugir no final do século XIX. As duas Índias eram separadas. A Índia política, do movimento pela liberdade, tinha seus grandes nomes. A outra Índia, mais pessoal, era praticamente oculta; desapareceu quando as memórias foram apagando-se. Sobre essa Índia, não tínhamos como ler. Não era a Índia de Kipling ou de E. M. Forster, nem de Somerset Maugham; e estava longe da Índia algo estilizada de Nehru e Tagore. (Havia um escritor indiano, Premchand (1880-1936), cujas histórias em hindi e urdu teriam tornado o passado de nossa aldeia indiana real para nós. Mas não sabíamos dele; não éramos esse tipo de leitores.)

Foi para essa Índia pessoal, e não para a Índia da independência e de seus grandes nomes, que parti, quando chegou a hora. Estava cheio de coragem. Mas nada me tinha preparado para o abandono que vi. Nenhum outro país que eu conhecia tinha tantas camadas de miséria, e poucos países eram tão populosos. Minha impressão era de que eu estava em um continente onde, à parte do resto do mundo, uma calamidade misteriosa tinha ocorrido. E, no entanto, o que era tão impressionante para mim, que tão obviamente ficava em primeiro plano, não se encontrava nos textos modernos que eu conhecia, indianos ou ingleses. Em um conto de Kipling, a fome na Índia era o pano de fundo para uma história de amor entre ingleses; mas, em geral, tanto nos textos ingleses como nos indianos, os problemas extraordinários da Índia, quando reconhecidos, pareciam ser dados como algo certo, eterno, algo a ser lido apenas como pano de fundo. E havia, como sempre, aqueles que achavam poder encontrar uma qualidade espiritual especial nessa especial desgraça indiana.

Foi só na autobiografia de Gandhi, *Minha Vida e Minhas Experiências com a Verdade*, nos capítulos que tratavam da descoberta que Gandhi fez, na década de 1890, da miséria dos desamparados trabalhadores indianos na África do Sul, que encontrei — de modo oblíquo, e não muito duradouro — uma dor crua como a que eu próprio sentia na Índia.

Escrevi um livro, depois de ter desistido da ideia. Mas não conseguia libertar-me da mágoa. Precisei de tempo — muito trabalho de escrita, em muitos ânimos diferentes — para ver além da miséria. Precisei de tempo para ir além do viés e das fantasias das ideias políticas da Índia sobre o passado indiano. A luta pela independência, o movimento contra a metrópole, tinha obscurecido as calamidades da Índia antes dos britânicos. Há indícios dessas calamidades em toda parte. Mas o movimento de independência era como uma religião; ele não via o que não queria ver.

Por mais de seiscentos anos, depois de 1.000 d.C., os invasores muçulmanos saquearam o subcontinente à vontade. Estabeleceram reinos e impérios e lutaram entre si. Destruíram os templos das religiões locais ao norte; penetraram profundamente no sul e profanaram seus templos.

Para o nacionalismo indiano do século XX, esses séculos de derrota eram embaraçosos. Por isso, a história foi reorganizada; governante e governado antes dos britânicos, conquistador e súdito, crente e infiel, tornaram-se um. Diante do grande poder britânico, fazia um certo sentido. Mesmo assim, para promover a ideia da unidade indiana antes dos britânicos, era mais fácil para os escritores nacionalistas voltar bastante no tempo, até os tempos pré-islâmicos, aos séculos V a VII, quando a Índia era, para alguns, o centro do mundo, e estudiosos budistas chineses vinham, como peregrinos, a centros budistas de aprendizagem na Índia.

O teólogo muçulmano e viajante global marroquino do século XIV, Ibn Batutta, não se encaixava muito bem nessa ideia de unidade indiana. Ibn Batutta desejava viajar para todos os países do mundo muçulmano. Em toda parte, ele vivia da liberalidade dos governantes muçulmanos e, em troca, oferecia pura devoção árabe.

Ele chegou à Índia como quem chega a uma terra conquistada por muçulmanos. Recebeu as rendas (ou colheitas) de cinco aldeias e, depois — mesmo em meio a uma fome epidêmica —, de outras duas; e lá ficou por sete anos. Por fim, no entanto, precisou fugir. O governante muçulmano de Delhi, último patrono de Ibn Battuta, gostava de sangue, de execuções diárias (e de tortura) na soleira de seu saguão de audiências, com os corpos ficando lá pendurados por três dias. Mesmo Ibn Battuta, embora acostumado aos modos dos déspotas muçulmanos ao redor do mundo, passou a ter medo. Quando quatro guardas foram enviados para observá-lo, ele achou que sua hora havia chegado. Tinha começado a incomodar o governante e seus funcionários por isso e por aquilo e a reclamar que os funcionários roubavam, antes de entregá-los, parte dos presentes enviados a ele pelo governante. Agora, inspirado pelo terror, ele se declarou um penitente que renunciara ao mundo. Fez um jejum total de cinco dias, lendo o Corão durante os cinco dias inteiros do jejum; e quando voltou a aparecer diante do governante estava vestido como um mendigo. A renúncia do teólogo tocou o coração duro do governante, lembrou-o de coisas mais elevadas, e Ibn Battuta teve permissão para partir.

Na narrativa de Ibn Battuta, os residentes locais eram vistos somente de passagem. Eram servos nas aldeias (de propriedade do governante, parte da oferta que podia ser feita ao viajante), ou meros escravos (Ibn Battuta gostava de viajar com meninas escravas). As crenças dessas pessoas tinham um lado pitoresco, mas, exceto por isso, não interessavam a um teólogo muçulmano; em Delhi, os ídolos deles tinham sido literalmente derrubados. A terra já não pertencia mais ao povo local e não era sagrada para o governante estrangeiro.

Em Ibn Battuta era possível ver o início do grande abandono da Índia. Para viajantes europeus do século XVII, como Thomas Boe e Bernier, a miséria generalizada do povo — vivendo em barracos, ao lado dos palácios mogóis — zombava da pretensão dos governantes. E, para William Howard Russell, que relatou, em 1858 e 1859, para o *The Times*, o Motim Indiano e viajou lentamente de Calcutá para o Punjab, a terra estava, em toda parte, em uma antiga ruína, com pessoas comuns esfomeadas («de pernas emaciadas»), fazendo cegamente seu trabalho servil, atuando como lacaios dos britânicos, como tinham feito com todos os outros governantes anteriores.

Embora, talvez, eu não tivesse encontrado palavras para isso, quando criança eu acreditava na unidade indiana. A *Ramlila* — a peça ao ar livre baseada no *Ramayana* que víamos ser montada perto de nossa pequena cidade —, e nossos ritos religiosos e todos os nossos modos privados eram parte dessa unidade; era algo que tínhamos deixado para trás. Essa nova ideia do passado, que chegou até mim ao longo dos anos, acabou com essa versão romântica, mostrou-me que nossa civilização ancestral — à qual prestávamos homenagens de tantas maneiras em nossa distante colônia, e que críamos ser antiga e intocada — tinha sido tão impotente diante dos invasores muçulmanos como os mexicanos e peruanos foram diante dos espanhóis; tinha sido parcialmente destruída.

2.

Para todo tipo de experiência existe uma forma adequada, e não vejo que tipo de romance eu poderia ter escrito sobre a Índia. A ficção funciona melhor em uma área moral e cultural confinada, onde as regras em geral são conhecidas; e, nessa área confinada, ela lida melhor com coisas — emoções, impulsos, ansiedades morais — que seriam inapreensíveis ou incompletas em outras formas literárias.

A experiência que tive era singularmente minha. Para fazer um romance sobre isso, teria sido necessário criar alguém como eu, alguém com os mesmos antepassados e as mesmas origens, e imaginar um motivo que levasse essa pessoa à Índia. Teria sido necessário, mais ou menos, duplicar a experiência original, e isso não acrescentaria nada. Tolstói usou a ficção para tornar o cerco a Sebastopol algo mais próximo, para dar-lhe maior realidade. Minha impressão é de que, se eu tivesse tentado escrever um romance sobre a Índia, e se tivesse mobilizado todo o aparato da invenção, eu estaria falsificando uma experiência preciosa. O valor da experiência reside em sua singularidade. Eu precisava apresentar isso com a maior fidelidade possível.

O romance metropolitano, tão atraente, aparentemente tão fácil de imitar, parte de premissas metropolitanas sobre a sociedade: a disponibilidade de um aprendizado mais amplo, uma ideia de história, uma preocupação com o autoconhecimento. Em lugares onde essas premissas estão erradas, onde um aprendizado mais amplo não é possível ou é imperfeito, não tenho certeza de que o romance possa oferecer algo que ultrapasse a externalidade das coisas. Os japoneses importaram a forma romance e acrescentaram-lhe suas ricas tradições literárias e históricas; não havia incompatibilidade. Mas em lugares, como na Índia, onde o passado foi despedaçado e a história é desconhecida, ou impossível de conhecer, ou negada, não sei se a forma emprestada do romance pode entregar algo além de uma verdade parcial, uma janela mal iluminada em meio à escuridão geral.

Quarenta ou cinquenta anos atrás, quando os escritores indianos não eram tão prestigiados, o escritor R. K. Narayan era um consolo e um exemplo para aqueles dentre nós (incluo meu pai e eu mesmo) que desejavam escrever. Narayan escrevia em inglês sobre a vida indiana. Isso, na verdade, é uma coisa difícil de fazer, e Narayan resolveu os problemas ao aparentar ignorá-los. Ele escrevia de modo leve, direto, com poucas explicações sociais. O inglês dele era tão pessoal e fácil, tão livre das associações sociais inglesas, que não havia qualquer sensação de estranhamento; ele sempre dava a impressão de estar escrevendo de dentro de sua cultura.

Ele escrevia sobre pessoas de uma pequena cidade no sul da Índia: gente comum, falas grandiosas, realizações triviais. Foi ali que ele começou; era ali que estava, cinquenta anos depois. Em certo sentido, isso refletia a própria vida de Narayan. Ele nunca se afastou muito de suas origens. Quando o conheci em Londres, em 1961 — ele estava viajando e prestes a voltar para a Índia —, disse-me que precisava voltar para casa, voltar a fazer suas caminhadas (com um guarda-chuva para o sol) e a estar entre seus personagens.

Ele realmente possuía seu mundo. Era um mundo completo e que estava sempre lá, esperando por ele; e era distante o suficiente do centro das coisas para que a agitação desaparecesse antes de poder atingi-lo. Até mesmo o movimento de independência, nas agitadas décadas de 1930 e 1940, estava distante, e a presença britânica era percebida principalmente pelos nomes dos edifícios e dos lugares. Essa era uma Índia que parecia zombar dos presunçosos e seguir adiante em seu próprio caminho.

Dinastias surgiram e desapareceram. Palácios e mansões apareceram e sumiram. O país todo sucumbiu ao fogo e à espada do invasor, e foi purificado quando as águas do Sarayu [o rio local] transbordaram seus limites. Mas ele sempre tinha seu renascimento e seu crescimento.

Nessa visão (de um dos livros mais místicos de Narayan), o fogo e a espada da derrota são como abstrações. Não há sofrimento verdadeiro, e o renascimento é quase mágico. Essas pessoas triviais dos livros de Narayan, recebendo somas insignificantes por trabalhos insignificantes, e consoladas e governadas por rituais, parecem estranhamente isoladas da História. Parecem ter sido trazidas à vida por um sopro; e, quando examinadas, parecem não ter ancestrais. Têm apenas um pai e, quem sabe, um avô; não podem ver nada mais distante sobre seu passado. Frequentam templos antigos; mas não têm a confiança daqueles que os construíram; eles próprios não têm como construir nada duradouro.

Mas a terra é sagrada e tem um passado. Um personagem desse mesmo livro místico tem acesso a uma visão simples daquele passado indiano, e ela aparece em cenas simples. A primeira é do *Ramayana* (cerca de 1.000 a.C.); a segunda é do Buda, do século VI a.C.; a terceira é do filósofo Shankaracharya, do século IX; a quarta é da chegada dos britânicos, mil anos depois, terminando com o Sr. Shilling, o gerente do banco local.

O que as cenas deixam de fora são os séculos das invasões muçulmanas e o domínio muçulmano. Narayan passou parte da infância no estado de Maiçor. Maiçor tinha um marajá hindu. Os britânicos levaram-no ao trono depois de derrotar o governante muçulmano. O marajá era de uma família ilustre; os ancestrais dele foram sátrapas do último grande reino hindu no sul. Aquele reino foi derrotado pelos muçulmanos em 1565, e sua enorme capital (com o talento humano acumulado que a sustentava) foi quase totalmente destruída, deixando uma terra tão empobrecida, quase tão desprovida de recursos humanos, que é difícil, hoje, ver como um grande império pode ter surgido ali. As terríveis ruínas da capital — ainda falando quatro séculos depois sobre o saque, e o ódio, e o sangue e a derrota hindu, todo um mundo destruído — ficavam a, talvez, um dia de viagem da Cidade de Maiçor.

O mundo de Narayan não é, afinal, tão enraizado e completo quanto parece. Sua gente trivial sonha simplesmente com o que pensa ter ocorrido antes, mas não tem antepassados pessoais; há um grande vazio em seus passados. Suas vidas são triviais, como têm de ser: essa trivialidade é o que teve permissão para surgir das ruínas, com as simples novas estruturas da ordem colonial britânica (escola, estrada, banco, tribunais). Nos livros de Narayan, quando a história é conhecida, o que há é menos a vida de uma sábia e duradoura Índia hindu do que uma celebração da redentora paz britânica.

Assim, na Índia, a forma emprestada do romance inglês ou europeu, mesmo quando aprendeu a lidar bem com a externalidade das coisas, pode, às vezes, deixar de lado sua terrível essência. Também eu, como escritor de ficção, mal compreendendo o meu mundo — as origens de minha família, nossa migração, a curiosa Índia lembrada pela metade em que continuamos a viver por uma geração, a escola do Sr. Worm, a ambição literária de meu pai —, também eu podia começar apenas com a externalidade das coisas. Para fazer mais, como logo precisei, já que eu não tinha ideia nem ilusão de um mundo completo esperando por mim em lugar nenhum, tive de encontrar outros caminhos.

3.

Durante sessenta ou setenta anos no século XIX, o romance, na Europa, desenvolvendo-se muito rapidamente nas mãos de um grupo de mestres, tornou-se uma ferramenta extraordinária. Fez o que nenhuma outra forma literária — ensaio, poema, drama, história — poderia fazer. Deu, à sociedade industrial, ou em processo de industrialização, ou moderna, uma ideia muito clara de si mesma. Mostrou, de modo imediato, o que não tinha sido mostrado antes; e isso alterou a visão. Certas coisas na forma podiam ser modificadas ou ser, posteriormente, objeto de jogos, mas o padrão do romance moderno tinha sido estabelecido, assim como seu programa.

Todos nós que viemos depois fomos derivativos. Nunca mais pudemos ser os primeiros. Podemos trazer matérias-primas de lugares distantes, mas o programa que estamos seguindo foi estabelecido para nós. Não temos como ser, para a escrita, o que Robinson Crusoé foi em sua ilha, atirando com «a primeira arma a disparar desde a criação do mundo». Esse (para continuar com a metáfora) é o tiro que ouvimos quando nos voltamos para os pioneiros. São eles os primeiros; eles não sabiam disso quando começaram, mas, depois (como Maquiavel em seus *Discursos*, e Montaigne em seus *Ensaios*), eles sabem e empolgam-se tremendamente com a descoberta. A empolgação chega até nós, e há uma energia na escrita impossível de repetir-se.

A longa passagem abaixo é do início de *Nicholas Nickleby* (1838). Dickens tem vinte e seis anos e está no auge de seu frescor. A matéria-prima é banal. Esse é o ponto. Dickens parece ter descoberto (depois de Boz, e Pickwick, e de *Oliver Twist*) que tudo o que vê em Londres é assunto para sua escrita e que a trama pode esperar.

O Sr. Nickleby fechou um livro de contabilidade que estava sobre sua mesa e, recostando-se na cadeira, olhou com ar distraído pela janela suja. Algumas casas de Londres têm um pequeno e melancólico trecho gramado na parte de trás do terreno, geralmente cercado por quatro altos muros caiados, e para os quais olham carrancudas pletoras de chaminés; nesses trechos murcha, todos os anos, uma árvore torta, que se exibe deixando aflorar umas poucas folhas no final do outono, quando as outras árvores estão perdendo as suas, e, prostrada pelo esforço, fica ali, estalando defumada, até a estação seguinte... Às vezes, as pessoas dão a esses metros sombrios o nome de «jardins»; não se imagina que alguém plantou aquilo, parecendo mais se tratar de trechos de terra que ninguém reivindicou, com a vegetação murcha da olaria original. Ninguém pensa em caminhar por esse lugar desolado, ou em ir até lá, seja por que razão for. Quando o inquilino acaba de mudar-se, é possível que jogue, ali, umas poucas cestas, meia dúzia de garrafas quebradas e outros detritos do gênero, mas nada mais; e ali eles permanecem até que ele vá embora: a palha úmida levando o tempo que quiser para queimar: e misturando-se ao pequeno espaço, e às definhadas sempre-meio-mortas, e aos vasos quebrados, que ficam tristemente estilhaçados por ali — uma presa que atrai «pragas» e sujeira.

Foi para um lugar assim que o Sr. Ralph Nickleby olhou... O olhar dele recaiu sobre um abeto deformado, plantado por algum antigo inquilino em um vaso que, um dia, foi verde e deixado ali, anos antes, para apodrecer aos poucos... Lentamente, os olhos dele passaram para uma pequena janela suja à esquerda, através da qual se via a baça imagem de um funcionário; achando aquilo digno de atenção, ele acenou para que o outro fosse até lá.

É delicioso, detalhe a detalhe, e podemos acompanhar a descrição porque, assim como o autor, temos a impressão de que aquilo nunca foi feito antes. Isso também significa que aquilo não pode ser feito novamente com o mesmo efeito. O ar de descoberta, que é sua virtude, vai perder-se. A escrita tem sempre de ser nova; cada talento está sempre se exaurindo. Vinte e um anos mais tarde, em *A História de Duas Cidades* (1859), na cena do tonel de vinho, o duro olhar dickensoniano tornou-se uma técnica, impressionante porém retórica, os detalhes fabricados de maneira estranha, produto mais da mente e do hábito que do olhar.

Um grande tonel de vinho tinha sido derrubado e quebrou [...] e ele estava entre as pedras do lado de fora da loja de vinhos, estilhaçado como uma casca de noz.

Todas as pessoas no entorno tinham suspendido suas atividades, ou seu ócio, para correr até o lugar e beber o vinho. As pedras ásperas, irregulares da rua, apontando para todos os lados e projetadas, poder-se-ia imaginar, expressamente para aleijar qualquer um que se aproximasse delas, represaram o líquido em pequenas piscinas; as lagoas eram cercadas, cada uma por seu próprio grupo de pessoas acotovelando-se, o qual, dependendo do tamanho da poça, podia chegar a uma pequena multidão. Alguns homens ajoelhavam-se, faziam conchas com as mãos juntas e bebiam, ou tentavam ajudar mulheres, que se abaixavam sobre seus ombros, para beber, antes que o vinho escorresse todo por entre os dedos. Outros, homens e mulheres, mergulhavam nas poças pequenas canecas de argila mutilada, ou até mesmo lenços tirados das cabeças das mulheres, que eram torcidos nas bocas de crianças, até ficarem secos...

Apenas a noz estilhaçada e a caneca mutilada lembram o Dickens mais novo. Os outros detalhes não irão criar a Paris revolucionária (de setenta anos antes); caminham, cada vez mais, para o simbolismo da charge política.

A literatura é a soma de suas descobertas. Aquilo que é derivativo pode ser impressionante e inteligente. Pode dar prazer e terá seu momento, curto ou longo. Mas sempre vamos querer voltar para os pioneiros. O que importa, no fim, na literatura, o que sempre está lá, é o verdadeiramente bom. E — embora formas exauridas possam produzir extravagâncias miraculosas como *A Importância de Ser Franco* ou *Declínio e Queda* — o que é bom é sempre o que é novo, tanto na forma como no conteúdo. O que é bom esquece-se de quaisquer modelos que pode ter tido e é inesperado; temos que alcançá-lo em pleno voo. Escrever algo desse gênero não é algo que se possa aprender em um curso de escrita.

A literatura, como toda arte viva, está sempre em movimento. É parte de sua vida o fato de sua forma dominante estar em mudança constante. Nenhuma forma literária — a peça de Shakespeare, o poema épico, a comédia da Restauração, o ensaio, a obra historiográfica — pode permanecer por muito tempo com o mesmo ímpeto de inspiração. Se todo talento criativo está sempre se exaurindo, toda forma literária está sempre chegando ao fim do que pode fazer.

O novo romance deu à Europa do século XIX um certo tipo de notícia. O final do século XIX, sobrecarregado de notícias, culturalmente bem mais confuso, ameaçando novamente ser tão cheio de movimentos tribais ou populares como os séculos do Império Romano, precisa de outro tipo de interpretação. Mas o romance, ainda (apesar das aparências) imitando o programa dos pioneiros do século XIX, ainda se alimentando da visão que eles criaram, pode sutilmente distorcer a nova realidade, que já não se adapta a ele. Como forma, ele é agora banal o suficiente, e limitado o suficiente, para poder ser ensinado. Ele incentiva uma multidão de pequenos narcisismos, próximos e distantes; esses narcisismos substituem a originalidade e dão à forma uma ilusão de vida. É uma vaidade da época (e da promoção comercial) o fato de o romance seguir sendo a expressão definitiva e final da literatura.

Aqui, preciso voltar ao começo. Foi em razão da pequena mudança colonial trazida pelas grandes conquistas do século XIX que — talvez por meio de um professor ou um amigo — meu pai desenvolveu o desejo de ser um escritor, no final dos anos 1920. Ele se tornou, de fato, um escritor, embora não da maneira que desejava. Fez um bom trabalho; suas histórias deram à nossa comunidade um passado que, de outro modo, teria sido perdido. Mas havia um descompasso entre a ambição, que vinha de fora, de outra cultura, e a nossa comunidade, que não tinha tradição literária; e as histórias que meu pai concebeu a duras penas encontraram bem poucos leitores entre as pessoas que eram seu tema.

Ele me transmitiu a ambição literária; e eu, crescendo em outra época, consegui realizar essa ambição quase plenamente. Mas lembro o quanto foi difícil para mim, quando criança, ler livros sérios; duas esferas de escuridão separavam-me deles. Quase toda a minha vida imaginativa estava no cinema. Tudo ali era muito distante, mas, ao mesmo tempo, tudo naquele curioso mundo operístico era acessível. Era uma arte realmente universal. Não acredito que exagere ao dizer que, sem a Hollywood dos anos 1930, eu seria praticamente um indigente espiritual. Isso não pode ficar de fora desse relato sobre leitura e escrita. E preciso perguntar-me, agora, se o talento que, em outros tempos, ia para a literatura de imaginação não se dirigiu, nesse século, aos primeiros cinquenta anos do glorioso cinema.

Agradecimentos

Este ensaio foi escrito para o Charles Douglas-Home Memorial Trust. Charles Douglas-Home foi editor do *The Times of London*, de 1982 até sua morte, em 1985, quando o fundo foi criado para dar um prêmio anual em sua memória.

Dois mundos

Isto é incomum para mim. Tenho feito leituras, e não discursos. Digo às pessoas que solicitam discursos que não tenho nada a discursar. E é verdade. Pode parecer estranho que um homem que vem lidando com palavras, emoções e ideias há quase cinquenta anos não tenha algumas sobrando, por assim dizer. Mas tudo de valor sobre mim está em meus livros. Seja o que for que exista além disso em mim em dado momento, não está completamente formado. Eu mal tenho ciência do que seja; aguarda o próximo livro. E, com sorte, virá a mim durante a escrita e vai pegar-me de surpresa. É esse elemento surpresa que procuro quando escrevo. É minha maneira de julgar o que estou fazendo — coisa que nunca é fácil fazer.

Com grande penetração, Proust escreveu sobre a diferença entre o escritor como escritor e como um ser social. Podemos encontrar seus pensamentos em alguns de seus ensaios em *Contre Sainte-Beuve*, um livro reconstituído com base em seus primeiros textos.

O crítico francês Sainte-Beuve, do século XIX, acreditava que, para entender um escritor, era necessário saber o máximo possível sobre o homem exterior, os detalhes de sua vida. É um método encantador utilizar o homem para iluminar a obra. Pode parecer inexpugnável. Mas Proust é, de forma muito convincente, capaz de refutá-lo. «Esse método de Sainte-Beuve», escreve ele, «ignora aquilo que um grau muito leve de autoconhecimento nos ensina: que um livro é o produto de um eu diferente daquele que manifestamos em nossos hábitos, em nossa vida social, em nossos vícios. Para tentar entender esse eu particular, é preciso perscrutar nosso próprio âmago e tentar reconstruí-lo ali, para que possamos chegar a ele.»

Devemos ter em mente essas palavras de Proust sempre que estivermos lendo a biografia de um escritor — ou a biografia de qualquer pessoa que dependa do que se pode chamar inspiração. Todos os detalhes de sua vida, as peculiaridades, as amizades podem ser-nos expostas, mas o mistério da escrita permanecerá. Nenhuma documentação, por mais fascinante que seja, pode levar-nos até aí. A biografia de um escritor — ou, inclusive, a autobiografia — terá sempre essa incompletude.

Proust é um mestre da amplificação feliz, e eu gostaria de voltar a *Contre Sainte-Beuve* mais um pouco. «Na verdade», escreve Proust, «o que damos ao público são as secreções de nosso eu mais íntimo, escrito na solidão e só para nós mesmos. O que concedemos na vida privada — nas conversas, ou naqueles ensaios feitos na sala de estar, que são pouco mais que conversa impressa — é o produto de um eu bastante superficial, não do eu mais íntimo, que só podemos recuperar deixando de lado o mundo e o eu que o frequentam.»

Quando escreveu isso, Proust ainda não havia encontrado o tema que o levaria à felicidade de seu grande trabalho literário. E, pelo que citei, podemos dizer que ele era um homem que confiava em sua intuição e esperava a sorte. Já citei essas palavras antes, em outros lugares; e a razão é que elas definem como eu me coloquei em meu negócio. Eu confiei na intuição desde o início. E confio ainda agora. Não faço ideia de como as coisas brotam; aonde for minha escrita, eu vou atrás. Eu confiava em minha intuição para encontrar os temas e escrevia intuitivamente. Tenho uma ideia quando começo; tenho uma forma; mas só vou entender completamente o que escrevi depois de alguns anos.

Eu disse anteriormente que tudo de valor sobre mim está em meus livros, e vou mais longe agora. Vou dizer que sou a soma de meus livros. Cada livro intuitivamente sentido, e no caso da ficção, intuitivamente criado, sustenta-se sobre o que surgiu antes, e cresce dele. Para mim, em qualquer fase de minha carreira literária, poder-se-ia dizer que meu último livro continha todos os outros.

Isso acontece por causa de minha história de vida, que é, ao mesmo tempo, extremamente simples e extremamente confusa. Eu nasci em Trinidad, uma pequena ilha na foz do grande rio Orinoco, na Venezuela. Trinidad não fica estritamente na América do Sul, nem estritamente no Caribe. Ela se desenvolveu como uma colônia agrícola do Novo Mundo e, quando nasci, em 1932, tinha uma população de cerca de 400 mil pessoas. Desse total, cerca de 150 mil eram indianos, hindus e muçulmanos, quase todos de origem camponesa, e quase todos da planície do Ganges.

Essa foi minha pequenina comunidade. A maior parte dessa migração da Índia ocorreu depois de 1880. O acordo era o seguinte: as pessoas comprometiam-se a trabalhar nas fazendas por cinco anos. No final desse tempo, recebiam um pequeno pedaço de terra, talvez cinco acres, ou uma passagem de volta para a Índia. Em 1917, por causa da agitação de Gandhi e outros, o sistema de escritura foi abolido. E, talvez por isso — ou por algum outro motivo —, o pacto de cessão de terra ou de repatriamento foi desonrado para muitos dos que chegaram depois. Essas pessoas foram absolutamente desapossadas; dormiam nas ruas de Porto de Espanha, capital de Trinidad. Eu os via quando era criança. Acho que eu não sabia que eles eram necessitados — acho que essa ideia veio muito mais tarde —, e eles não me causavam nenhuma impressão. Isso era parte da crueldade da colônia agrícola.

Nasci em uma cidadezinha chamada Chaguanas, 2 ou 3 milhas no interior do golfo de Pária. Chaguanas era um nome estranho, tanto na grafia como na pronúncia, e muitos indianos — eles eram maioria na área — preferiam chamá-la de Chauhan, nome de uma casta indiana.

Eu tinha 34 anos quando descobri mais sobre o nome de minha cidade natal. Morava em Londres — vivia na Inglaterra havia dezesseis anos. Estava escrevendo meu nono livro. Era uma história de Trinidad — uma história humana, que tentava recriar as pessoas e sua vida. Eu tinha o hábito de ir ao Museu Britânico para ler os documentos espanhóis sobre a região. Tais documentos — recuperados dos arquivos espanhóis — foram copiados pelo governo britânico na década de 1890, por ocasião de uma desagradável disputa de fronteira com a Venezuela. Os documentos começam em 1530 e acabam com o desaparecimento do Império Espanhol.

Eu estava lendo sobre a insensata busca por El Dorado e a *interloping* assassina do herói inglês, *Sir* Walter Raleigh. Em 1595, ele invadiu Trinidad, matou todos os espanhóis que pôde e subiu o Orinoco procurando o El Dorado. Não encontrou nada, mas, quando voltou para a Inglaterra, disse que encontrara. Tinha um pedaço de ouro e um pouco de areia para mostrar; disse que havia extraído ouro de um penhasco na margem do Orinoco. O Royal Mint disse que a areia que ele lhes dera para avaliar não valia nada, e outras pessoas disseram que ele havia comprado o ouro no norte da África. Então, ele publicou um livro para provar o que dizia, e durante quatro séculos as pessoas acreditaram que Raleigh havia encontrado algo. A magia do livro de

Raleigh, que é realmente muito difícil de ler, reside em seu título, muito longo: *The Discovery of the Large, Rich, and Beautiful Empire of Guiana*, com uma relação da grande e dourada cidade de Manoa (que os espanhóis chamam de El Dorado) e as províncias de Emeria, Aromaia, Amapaia e outras, com seus rios adjacentes. Tudo parece tão real! E ele mal estivera no Orinoco principal.

E então, como às vezes acontece com os homens confiantes, Raleigh foi pego por suas próprias fantasias. Vinte e um anos depois, velho e doente, Raleigh foi libertado de sua prisão em Londres para ir a Guiana e encontrar as minas de ouro que ele havia dito que encontrara. Nessa empreitada fraudulenta, seu filho morreu. O pai, por causa de sua reputação, de suas mentiras, enviara o filho para a morte. E, a seguir, Raleigh, cheio de sofrimento, sem motivo para viver, voltou a Londres para ser executado.

A história deve ter acabado aí, mas as lembranças espanholas eram extensas — sem dúvida porque a correspondência imperial era tão lenta: podia levar até dois anos para uma carta de Trinidad ser lida na Espanha. Oito anos depois, os espanhóis de Trinidad e da Guiana ainda estavam fazendo as suas revanches contra os índios do golfo. Certo dia, no Museu Britânico, li uma carta do rei da Espanha para o governador de Trinidad. Era datada de 12 de outubro de 1625. Escreveu o rei:

Pedi que me desse algumas informações sobre uma determinada nação de índios chamada Chaguanes, que você diz serem mais de mil, e de tão má disposição que foram eles que conduziram o inglês quando capturaram a cidade. Seu crime não foi punido porque as forças não estavam disponíveis para essa finalidade, e porque os índios não reconheciam nenhum mestre além de sua própria vontade. Você decidiu dar-lhes punição. Siga as regras que lhe dei e me informe como se saiu.

O que o governador fez, eu não sei. Não pude encontrar nenhuma outra referência aos Chaguanes nos documentos do museu. Talvez houvesse outros documentos na montanha de papéis nos arquivos espanhóis em Sevilha a que os estudiosos do governo britânico não deram atenção ou não acharam importantes o suficiente para copiar. A verdade é que a pequena tribo de mais de mil membros — que teria vivido em ambos os lados do Golfo de Pária — desapareceu tão completamente que ninguém na cidade de Chaguanas — ou Chauhan — sabia nada sobre eles. E, no museu, veio-me o pensamento de que eu era a primeira pessoa, desde 1625, para quem essa carta do rei da Espanha tinha um significado real. E essa carta havia sido tirada dos arquivos só em 1896 ou 1897. Um desaparecimento e, depois, um silêncio de séculos.

Nós vivíamos nas terras dos Chaguanes. Todos os dias, durante o ano letivo — eu havia começado a ir à escola —, eu andava da casa de minha avó, passava as duas ou três lojas da rua principal, o salão chinês, o Teatro Jubileu e a cheirosa fabriqueta portuguesa que fazia sabonetes baratos azuis e amarelos em longas barras que eram colocadas para secar e endurecer de manhã. Todos os dias, passava por essas coisas aparentemente eternas a caminho da Chaguanas Government School.

Mais além da escola, havia só cana-de--açúcar e fazendas, até chegar ao Golfo de Pária. As pessoas que haviam sido expropriadas deviam ter tido seu próprio tipo de agricultura, seu próprio calendário, seus próprios códigos, seus próprios locais sagrados. Deviam entender as correntes que alimentavam o Orinoco no Golfo de Pária. Mas, então, todas as suas habilidades — e tudo o mais sobre elas — haviam desaparecido.

O mundo está sempre em movimento. Por todo lado, em algum momento, povos foram despojados. Acho que fiquei chocado com essa descoberta sobre minha terra natal, em 1967, porque nunca tivera noção disso. Mas foi assim que a maioria de nós viveu na colônia agrícola: cegamente. Não houve conspiração por parte das autoridades para nos manter em nossa escuridão. Acho que foi mais simples do que não ter conhecimento. Ter conhecimento sobre os Chaguanes não devia ser considerado importante, e não seria fácil recuperar. Eles haviam formado uma pequena tribo e eram aborígenes. Nós conhecíamos esse tipo de gente no continente, que foi chamado de BG, British Guiana, e eram motivo de piada. Pessoas barulhentas e malcomportadas eram conhecidas, por todos os grupos em Trinidad — creio —, como *warrahoons*. Eu achava que essa era uma palavra inventada, criada para sugerir selvageria. Foi só quando comecei a viajar pela Venezuela, aos meus quarenta anos, que entendi que a palavra era o nome de uma tribo aborígene bastante extensa por lá.

Havia uma história vaga quando eu era criança — e, para mim, agora, é uma história que me afeta insuportavelmente: em determinado momento, os aborígenes chegaram do continente em canoas, atravessaram a floresta no sul da ilha e, em certo local, colheram algum tipo de fruta, ou fizeram algum tipo de oferenda, e depois atravessaram o Golfo de Pária até o alagado estuário do Orinoco. Tal rito deve ter tido enorme importância para sobreviver às convulsões de quatrocentos anos e à extinção dos aborígenes em Trinidad. Ou, talvez — embora Trinidad e Venezuela tenham uma flora comum —, eles tenham ido só pegar determinado tipo de fruta. Eu não sei. Não me lembro de ninguém perguntando. E agora a memória está perdida; e esse local sagrado, se é que existiu, tornou-se um terreno comum.

O que passou, passou. Suponho que essa fosse a atitude geral. E nós, indianos, imigrantes da Índia, tínhamos essa atitude para com a ilha. Na maior parte, vivíamos uma vida ritualizada, e ainda não éramos capazes de autoavaliação — que é quando a aprendizagem começa. Metade de nós nessa terra dos Chaguanes fingia — talvez não fingisse, talvez apenas sentisse, nunca formulasse isso como uma ideia — que havíamos trazido uma espécie de Índia conosco, que poderíamos, por assim dizer, desenrolarmo-nos como um tapete sobre a terra plana.

A casa de minha avó em Chaguanas tinha duas partes. A parte da frente, de tijolos e gesso, era pintada de branco. Era como uma espécie de casa indiana, com um grande terraço com balaustrada no piso superior e uma sala de oração um andar acima. Era ambiciosa em seus detalhes decorativos, com capitéis de lótus nas colunas e esculturas de divindades hindus, tudo feito por pessoas que trabalhavam só com a memória das coisas da Índia. Em Trinidad, ela era uma esquisitice arquitetônica. Nos fundos da casa, juntando-se a ela por uma ponte elevada, havia um edifício de madeira no estilo francês do Caribe. O portão de entrada ficava ao lado, entre as duas casas. Era um portão alto, de ferro corrugado, em uma moldura de madeira — feito para um tipo feroz de privacidade.

Assim, quando criança, eu tinha essa sensação de dois mundos: o mundo fora do alto portão de ferro corrugado, e o mundo em casa — ou, de qualquer forma, o mundo da casa de minha avó. Era reminiscência de nosso senso de castas isso de excluir e impedir a entrada. Em Trinidad, onde, como recém-chegados, éramos uma comunidade carente, essa ideia de exclusão era uma espécie de proteção, que nos permitiu — naquele momento, e apenas temporariamente — viver de nosso próprio modo e de acordo com nossas próprias regras; viver em nossa própria Índia, que desvanecia. Isso produzia um egocentrismo extraordinário; nós olhávamos para dentro; sobrevivíamos a cada dia; o mundo exterior existia em uma espécie de escuridão; não indagávamos sobre nada.

Havia uma loja muçulmana ao lado. O pequeno pórtico da loja de minha avó terminava contra sua parede branca. O nome do homem era Mian. Isso era tudo que sabíamos dele e de sua família. Suponho que o víamos, mas não tenho nenhuma imagem mental dele agora. Nós não sabíamos nada sobre os muçulmanos.

Essa ideia de estranheza, de coisa a ser mantida fora, estendia-se inclusive aos outros hindus. Por exemplo, nós comíamos arroz ao meio-dia e trigo à noite. Havia algumas pessoas extraordinárias que revertiam essa ordem natural e comiam arroz à noite. Para mim, essas pessoas eram estranhas — imaginem-me, naquela época, com menos de sete anos, porque, quando fiz sete, toda essa vida da casa de minha avó em Chaguanas acabou para mim. Nós nos mudamos para a capital e, a seguir, para as colinas no noroeste.

Mas os hábitos mentais engendrados por essa vida de trancar-se e excluir permaneceu por um bom tempo. Não fosse pelos contos que meu pai escrevia, eu não teria conhecido quase nada da vida geral de nossa comunidade indiana. Essas histórias deram-me mais que conhecimento. Deram-me uma espécie de solidez; deram-me algo para sustentar-me no mundo. Não consigo imaginar como teria sido minha imagem mental sem essas histórias.

O mundo lá fora existia em uma espécie de escuridão; e nós não fazíamos perguntas. Eu tinha idade suficiente só para ter uma ideia dos épicos indianos, o *Ramayana* em particular. As crianças que chegaram à nossa família cinco anos ou mais depois de mim não tiveram essa sorte. Ninguém nos ensinou hindi.

Às vezes, alguém escrevia o alfabeto para que aprendêssemos, e era só; esperava-se que fizéssemos o resto sozinhos. Assim, quando o inglês chegou, começamos a perder nossa língua. A casa de minha avó era cheia de religião; havia muitas cerimônias e leituras, algumas das quais duravam dias. Mas ninguém explicava ou traduzia nada para nós, que já não conseguíamos acompanhar o idioma. Portanto, nossa fé ancestral foi minguando, tornou-se misteriosa, não era pertinente à nossa vida do dia a dia.

Nós não fazíamos perguntas sobre a Índia ou sobre os familiares que haviam sido deixados para trás. Quando nosso modo de pensar mudou e quisemos saber, já era tarde demais. Eu não sei nada sobre os parentes do lado de meu pai; sei apenas que alguns vieram do Nepal. Dois anos atrás, um gentil nepalês que gostava de meu nome enviou-me cópias de algumas páginas de um trabalho britânico, tipo um dicionário geográfico, de 1872, sobre Índia, castas e tribos hindus como representados em Benares; aquelas páginas listavam — entre uma infinidade de nomes — aqueles grupos de nepaleses na cidade sagrada de Benares que tinham o nome Naipal. Isso é tudo o que tenho.

Longe desse mundo da casa de minha avó, onde comíamos arroz ao meio-dia e trigo à noite, havia o grande desconhecido — na ilha de apenas 400 mil pessoas. Havia os africanos, ou afrodescendentes, que eram a maioria. Eram policiais, professores e professoras. Uma delas foi minha primeira professora na Chaguanas Government School. Eu a recordei com adoração durante anos. E havia a capital, para onde, muito em breve, todos nós teríamos que ir para estudar e trabalhar e onde nos estabeleceríamos definitivamente, entre estranhos.

Havia as pessoas brancas, e nem todas eram inglesas; e os portugueses e chineses, também imigrantes como nós. E mais misteriosas que essas eram as pessoas que nós chamávamos de espanhóis, *'pagnols*, povo mestiço, de compleição bronzeada, do tempo anterior à separação da ilha — separação da Venezuela e do Império Espanhol. Uma espécie de história absolutamente fora de minha compreensão infantil.

Para dar a vocês uma ideia de meu passado, tive que recorrer a conhecimentos e ideias que obtive muito mais tarde, principalmente com meus escritos. Quando criança, eu não sabia quase nada; nada além do que eu captara na casa de minha avó. Todas as crianças, imagino, vêm ao mundo assim: sem saber quem são. Mas, para a criança francesa, por exemplo, o conhecimento está à espera. Esse conhecimento estará à sua volta. Virá indiretamente das conversas de seus pais. Estará nos jornais e no rádio. E na escola, o trabalho de gerações de eruditos, reduzidos aos textos escolares, proporcionar-lhes-á alguma ideia da França e dos franceses.

Em Trinidad, mesmo sendo um menino brilhante, eu estava cercado por zonas de escuridão. A escola não me elucidara nada. Estava cheio de fatos e fórmulas. Tudo tinha de ser decorado; tudo era abstrato para mim. Mais uma vez, não acredito que houvesse um plano ou uma conspiração para que nossos cursos fossem assim. Recebíamos a aprendizagem escolar padrão. Em outro contexto, teria feito sentido. E pelo menos alguns dos fracassos teriam ficado em mim. Com meu limitado contexto social, era-me difícil, imaginativamente, entrar em outras sociedades, ou em sociedades distantes. Eu amava os livros, mas achava difícil lê-los. Eu me dava melhor com coisas como Andersen e Esopo, atemporais, sem lugar, sem exclusão. E quando, por fim, no último ano de escola comecei a gostar de alguns textos literários — Molière, Cyrano de Bergerac… —, acho que era porque eles tinham qualidades de contos de fadas.

Quando me tornei escritor, aquelas zonas de escuridão que me cercavam quando eu era criança tornaram-se meus temas. A terra, os aborígenes, o Novo Mundo, a colônia, a história, a Índia, o mundo muçulmano, com o qual também me sentia relacionado; a África e, a seguir, a Inglaterra, onde eu escrevia. Foi isso que quis dizer quando afirmei que meus livros sustentam-se uns nos outros e que sou a soma de meus livros. Foi isso que eu quis dizer quando disse que meu passado, fonte e inspiração de minha obra, era, ao mesmo tempo, extremamente simples e complicado. Vocês já devem ter visto como era simples na cidade de Chaguanas. E acho que vão entender como era complicado para mim como escritor. Especialmente no início, quando os modelos literários que eu tinha — dados pelo que só posso chamar de «minha falsa aprendizagem» — falavam de sociedades completamente diferentes. Mas, talvez, possam sentir que o material era tão rico que não teria tido nenhum problema para começar e ir em frente. O que eu disse sobre o contexto, no entanto, vem do conhecimento que adquiri com minha escrita.

E vocês têm que acreditar quando digo que o padrão de minha obra só se tornou evidente nos últimos dois meses, mais ou menos. Leram-me passagens de livros antigos, e eu vi as conexões. Até então, meu maior problema foi descrever minha escrita para as pessoas, dizer o que eu havia feito.

Eu disse que era um escritor intuitivo. Foi assim, e continua sendo até agora, quando estou quase no fim. Eu nunca tive um plano, não segui nenhum sistema. Eu trabalhei de forma intuitiva. Todas as vezes, meu objetivo foi fazer um livro, criar algo que fosse fácil e interessante de ler. Em cada estágio, eu só podia trabalhar com meu conhecimento, sensibilidade, talento e visão de mundo. Essas coisas foram se desenvolvendo livro a livro. E tive que fazer os livros que fiz porque não havia outros sobre esses assuntos para dar-me o que eu queria. Eu tive que esclarecer meu mundo, elucidá-lo para mim mesmo.

Precisei recorrer aos documentos no Museu Britânico e em outros lugares para obter o verdadeiro sentimento da história da colônia. Tive que viajar para a Índia, porque não havia ninguém para dizer-me como era o país de onde meus avós haviam partido. Houve a escrita de Nehru e Gandhi; e, estranhamente, foi Gandhi, com sua experiência sul-africana, quem me deu mais — mas não o suficiente. Houve Kipling; houve escritores anglo-indianos como John Masters (que ia muito bem na década de 1950, com um plano anunciado — mais tarde abandonado, receio — de 35 romances interligados sobre a Índia britânica); houve romances de escritoras. Os poucos escritores indianos daquele tempo eram pessoas de classe média, moradoras da cidade; eles não conheciam a Índia de onde viéramos.

E quando essa necessidade indiana foi satisfeita outras tornaram-se evidentes: a África, a América do Sul, o mundo muçulmano. O objetivo sempre foi preencher minha visão de mundo, e o propósito vem de minha infância: ficar mais à vontade comigo mesmo. Pessoas simpáticas às vezes me escrevem pedindo para eu escrever sobre a Alemanha, por exemplo, ou a China. Mas já há coisas muito boas sobre esses lugares, e inclino-me a confiar no que já existe. E esses assuntos são para outras pessoas — aqueles que não têm as zonas de escuridão que eu sentia sobre mim quando era criança. Assim, há um desenvolvimento em minha obra, um desenvolvimento de habilidade, conhecimento e sensibilidade narrativa; há, nela, uma espécie de unidade, um foco — embora possa parecer que estou indo em diversas direções.

Quando comecei, eu não tinha ideia do caminho a seguir. Eu só queria fazer um livro. Estava tentando escrever na Inglaterra, onde fiquei depois da universidade, e parecia que minha experiência era muito tênue, não verdadeiramente da matéria dos livros. Em nenhum livro pude encontrar qualquer coisa que se aproximasse de meu passado. Um jovem francês ou inglês que quisesse escrever teria encontrado inúmeros modelos para guiá-lo. Eu não tinha nenhum. As histórias de meu pai sobre nossa comunidade indiana pertenciam ao passado. Meu mundo era bem diferente. Era mais urbano, mais misto. Os simples detalhes físicos da vida caótica de nossa família — dormitórios ou quartos de dormir, hora das refeições, o grande número de pessoas — pareciam impossíveis de lidar. Havia muito a ser explicado, tanto sobre minha vida em casa quanto sobre o mundo exterior. E, ao mesmo tempo, havia muita coisa sobre nós — como nossa ancestralidade e história — que eu não sabia.

No último dia ali, tive a ideia de começar com a rua Port of Spain, para a qual nos havíamos mudado, saindo de Chaguanas. Ali não havia um grande portão de ferro corrugado deixando o mundo de fora. A vida da rua estava aberta para mim. Era um prazer intenso observá-la da varanda. Foi sobre essa vida da rua que comecei a escrever. Eu queria escrever rápido, para evitar o excesso de autoquestionamento, de modo que simplifiquei tudo. Suprimi o passado do garoto narrador. Ignorei as complexidades raciais e sociais da rua. Não expliquei nada. Fiquei no térreo, por assim dizer. Apresentei as pessoas apenas como elas apareciam na rua. Escrevi uma história por dia; as primeiras histórias eram muito curtas; eu tinha medo de não ter material o suficiente. Mas, então, a escrita fez sua magia. O material começou a apresentar-se para mim de muitas fontes. As histórias ficaram mais longas; já não podiam ser escritas em um dia. E, então, a inspiração, que, a certa altura, parecia rolar muito fácil, chegou ao fim. Mas um livro havia sido escrito, e eu tinha, na cabeça, a ideia de tornar-me escritor.

A distância entre o escritor e seu material cresceu com os dois livros posteriores; a visão era mais ampla. E, então, a intuição levou-me a um grande livro sobre nossa vida familiar. Durante esse livro, minha ambição de escrever cresceu. Mas, quando acabei, senti que havia feito tudo o que poderia fazer com o material da ilha. Independentemente de quanto eu meditasse sobre isso, não haveria outra ficção.

O acaso, então, resgatou-me. Tornei-me um viajante. Viajei pela região do Caribe e compreendi muito mais sobre o contexto colonial do qual eu havia feito parte. Fui à Índia, minha terra ancestral, e lá fiquei um ano; foi uma viagem que dividiu minha vida em dois. Os livros que escrevi sobre essas duas viagens levaram-me a novos reinos de emoção, deram-me uma visão de mundo que eu nunca tivera, estenderam-me tecnicamente. Na ficção que veio a seguir fui capaz de entender a Inglaterra, assim como o Caribe — e como foi difícil fazer isso. Fui capaz, também, de entender todos os grupos raciais da ilha, coisa que, antes, eu nunca havia conseguido fazer.

Essa nova ficção era sobre a vergonha e a fantasia colonial; um livro, na verdade, sobre como os impotentes mentem sobre si mesmos, e para si mesmos, visto que é seu único recurso. O livro chamou-se *Os mímicos*. E não era sobre mímicos; era sobre homens coloniais mimetizando a condição de masculinidade, homens que haviam passado a desconfiar de tudo sobre si mesmos. Algumas páginas desse livro foram lidas para mim outro dia — eu não o lia havia mais de trinta anos —, e pensei que eu andara escrevendo sobre a esquizofrenia colonial. Mas eu não havia pensado nisso dessa forma; eu nunca havia usado palavras abstratas para descrever qualquer finalidade de minha escrita. Se usasse, nunca teria conseguido fazer o livro. O livro foi feito de forma intuitiva, e apenas por observação rigorosa.

Fiz esse pequeno exame da parte inicial de minha carreira para tentar mostrar as fases nas quais, em apenas dez anos, minha terra natal foi alterada ou desenvolvida em minha escrita: da comédia da vida nas ruas ao estudo de um tipo de esquizofrenia generalizada. O que era simples tornou-se complicado.

Ambos, a ficção e o livro de viagens, têm-me dado minha maneira de olhar; e vocês vão entender por que, para mim, todas as formas literárias são igualmente valiosas. Por exemplo, quando me propus a escrever meu terceiro livro sobre a Índia — 26 anos após o primeiro —, ocorreu-me que o mais importante de um livro de viagem eram as pessoas entre as quais viajava o escritor. As pessoas tinham que se definir. Uma ideia simples e suficiente, mas que requer outro tipo de livro; pede uma nova forma de viajar. E foi esse o método que utilizei mais tarde, quando fui pela segunda vez ao mundo muçulmano.

Sempre me movi pela intuição. Não tenho nenhum sistema, literário ou político. Não tenho nenhuma ideia política orientadora. Acho que isso tem a ver com minha ancestralidade. O escritor indiano R. K. Narayan, que morreu este ano, não tinha ideias políticas. Meu pai, que escreveu suas histórias em um tempo muito obscuro, e por nenhuma recompensa, não tinha ideias políticas. Talvez seja porque estivemos longe da autoridade por muitos séculos. Isso nos dá um ponto de vista especial. Sinto que somos mais propensos a ver o humor e a piedade das coisas.

Quase trinta anos atrás, fui à Argentina. Foi na época da crise de guerrilha. O povo estava esperando que o velho ditador Perón voltasse do exílio. O país estava cheio de ódio. Peronistas esperavam para acertar velhas contas. Um homem disse-me: «Existe a tortura boa e a tortura ruim». Tortura boa é o que você fez para os inimigos do povo. Tortura ruim é o que os inimigos do povo fizeram com você. Pessoas do outro lado estavam dizendo a mesma coisa. Não havia um verdadeiro debate sobre nada. Havia apenas paixão e o jargão político emprestado da Europa. Eu escrevi: «Onde o jargão transforma questões de vida em abstrações, e onde o jargão acaba competindo com o jargão, as pessoas não têm causas. Só têm inimigos».

E as paixões da Argentina ainda estão se resolvendo, ainda derrotando razão e consumindo vidas. Não há solução à vista.

Estou perto do fim de meu trabalho agora. Estou feliz por ter feito o que fiz; feliz criativamente por ter-me feito chegar até onde poderia ir. Devido à maneira intuitiva com que escrevi, e também por causa da natureza desconcertante de meu material, cada livro foi como uma bênção. Cada livro surpreendeu-me; até o momento de escrevê-los eu não sabia que eles estavam ali. Mas o maior milagre para mim foi começar. Sinto — e a ansiedade ainda está viva em mim — que eu poderia facilmente ter falhado antes de começar.

Termino como comecei, com um dos maravilhosos pequenos ensaios de Proust em *Contre Sainte-Beuve*:

> As belas coisas que devemos escrever, se tivermos talento, estão dentro de nós, indistintas, como a memória de uma melodia que nos deleita mesmo que sejamos incapazes de recapturar seus traços. Aqueles que são obcecados por essa memória turva de verdades que nunca conheceram são os homens dotados [...] Talento é como uma espécie de memória que permitirá que eles finalmente tragam essa música indistinta para mais perto, ouçam-na claramente, escrevam-na...

Talento, diz Proust. Eu diria sorte e muito trabalho.

Vossas Majestades, Sua Alteza Real, honoráveis laureados, senhoras e senhores, uma das coisas que acontecem com as pessoas que recebem o Prêmio Nobel é que elas recebem muita atenção da mídia. Muitas entrevistas. Tantas que estou começando a sentir que perdi a capacidade do pensamento espontâneo. Preciso das perguntas. De modo que pensei que eu começaria este discurso de dois minutos como um comediante à moda antiga: o homem a quem as coisas acontecem no caminho para o estúdio.

Bem, vamos lá. Algo aconteceu comigo a caminho de Estocolmo. A pulseira de meu relógio de pulso quebrou. E, por alguns momentos surreais, eu me vi olhando para meu relógio no piso do avião. Isso não é uma metáfora. Aqui está o relógio sem pulseira. O que isso significa? Qual foi o horrível simbolismo? O fato de que, durante toda a semana do Nobel, eu ficaria sem meu relógio.

O grande César, desembarcando no Egito, caiu de cara no solo do litoral molhado. Vocês podem imaginar a consternação de seus oficiais, até que o grande e engenhoso homem gritou: «Agarrei-te, África!».

Alguns séculos mais tarde, o imperador Juliano, treinando certa manhã com seus soldados, perdeu a parte de vime de seu escudo. Ele ficou segurando só a alça. Foi terrível para todos, até que o imperador gritou: «Eu seguro o que tenho».

Não tendo a desenvoltura desses grandes homens, eu não conseguia encontrar palavras para tornar bom meu simbolismo ruim. Até esta noite, quando entendi que o tempo parou para mim durante esta semana do Nobel e que, quando recomeçasse, seria realmente novo. Agora, meu relógio sem pulseira — bondoso novamente — diz-me, sem ameaça, que meu tempo está se esgotando. Meus dois minutos acabaram.

Biblioteca Âyiné

1 Por que o liberalismo fracassou?
   Patrick J. Deneen
2 Contra o ódio
   Carolin Emcke
3 Reflexões sobre as causas da liberdade
   e da opressão social
   Simone Weil
4 Onde foram parar os intelectuais?
   Enzo Traverso
5 A língua de Trump
   Bérengère Viennot
6 O liberalismo em retirada
   Edward Luce
7 A voz da educação liberal
   Michael Oakeshott
8 Pela supressão dos partidos políticos
   Simone Weil
9 Direita e esquerda na literatura
   Alfonso Berardinelli
10 Diagnóstico e destino
   Vittorio Lingiardi
11 A piada judaica
   Devorah Baum
12 A política do impossível
   Stig Dagerman
13 Confissões de um herético
   Roger Scruton
14 Contra Sainte-Beuve
   Marcel Proust
15 Pró ou contra a bomba atômica
   Elsa Morante
16 Que paraíso é esse?
   Francesca Borri
17 Sobre a França
   Emil Cioran
18 A matemática é política
   Chiara Valerio
19 Em defesa do fervor
   Adam Zagajewski
20 Aqueles que queimam livros
   George Steiner
21 Instruções para se tornar um fascista
   Michela Murgia
22 Ler e escrever
   V. S. Naipaul

Composto em Baskerville e Helvetica
Belo Horizonte, 2022